Year 2

Just Spelling

Louis Fidge

Approach to spelling

This series is based on the statutory curriculum requirements and objectives. It encourages pupils to use a variety of approaches including:

- *auditory*: using the phonological system of our language to analyse and build up words; using analogy to generalise what they have learnt to other words with similar sound patterns; using rhyming and syllabification

- *visual*: developing the habit of looking carefully at, and analysing the structure of, words; looking for common letter patterns; looking for smaller words within longer words

- *tactile*: meaningful writing activities to help children get 'the feel' of words and letter patterns

- *meaning*: understanding word meanings, roots and etymology; setting words in appropriate sentences; understanding the grammatical structure of words by breaking them down into morphemes where appropriate (prefixes, suffixes etc.)

Key features

Unit number and title

Key to spelling
Introduction and explanation of key spelling point with clear example and supporting illustration. It is suggested that this section is discussed fully with the class as a whole, to ensure the key spelling point is understood.

Practice
This section involves a variety of activities encouraging children to make and use words exemplifying the key spelling point of the unit. This section may be tackled by the class as a whole, by groups or by children working independently. It is important that children are encouraged to discuss words introduced and to use them in context to ensure their meaning is understood.

Extension
This offers activities of a more challenging nature, which extend and consolidate the concepts and spelling patterns being taught. This section may be tackled by the class as a whole, by groups or by children working independently.

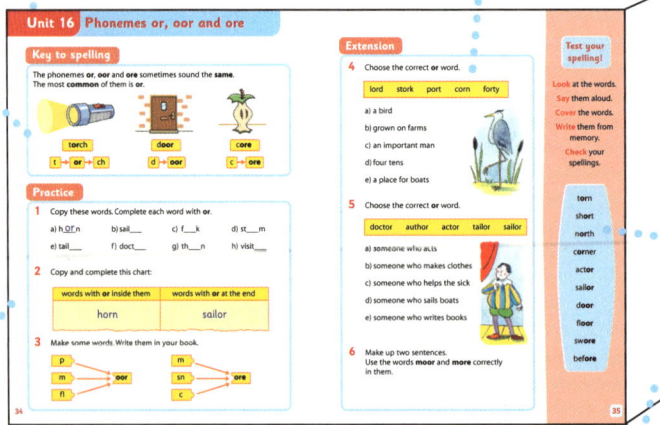

Scope and sequence
Page 64 shows the scope and sequence, objectives and strategies used in each unit.

Fold-over flap
The unique fold-over flap at the back of the book allows the test words to be covered up for testing purposes. Children are encouraged to use the Look-Say-Cover-Write-Check method for learning the test words.

Assessment
Each unit contains a number of test words to assess children's success in understanding the key spelling point. These always appear on the right hand side of each double page spread. The test may be carried out by the teacher with the whole class or group, or by pairs of children testing each other. Children may also assess themselves individually if preferred.

Contents

Unit	Title	Page
1	Word building (single-letter phonemes)	4
2	Word building (multiple-letter phonemes)	6
3	Same sound/different phoneme	8
4	Proofreading for mistakes	10
5	Same phoneme/different sound	12
6	Check the vowel sounds	14
7	Working out the syllables	16
8	Two-syllable words (containing a long vowel)	18
9	Regular verb endings (1)	20
10	Regular verb endings (2)	22
11	The past tense of irregular verbs	24
12	Common word endings	26
13	Spelling investigation (letter **k**)	28
14	Spelling investigation (**wa** and **wo**)	30
15	Spelling investigation (**gu**)	32
16	Spelling investigation (**se**)	34
17	Suffix -**ment**	36
18	Suffixes -**tion** and -**sion**	38
19	Suffixes -**able** and -**ible**	40
20	Suffixes -**ship**, -**hood** and -**ness**	42
21	Suffixes -**ic** and -**ive**	44
22	Suffix -**ous**	46
23	Prefixes **fore**- and **over**-	48
24	Extending words	50
25	Words with common roots	52
26	Confusing homophones	54
27	More homophones	56
28	Compound words	58
29	Tricky words!	60
30	High frequency words	62
	Scope and sequence	64

Unit 1 Word building (CVC words)

Key to spelling

Every word must contain at least **one vowel**.
To **spell** simple words you need to:

- say the sounds   h   a   t
- put them together   h → a → t
- say the word   hat

Practice

1 Write the words you make in your book.

a) b → a → g   b) t → a → p   c) l → e → g

d) n → e → t   e) z → i → p   f) f → o → x

g) c → o → t   h) s → u → n   i) j → u → g

2 Choose the correct vowel to complete each word.

a   e   i   o   u

a) b__g   b) l__g   c) c__t   d) n__t

e) f__x   f) z__p   g) j__g   h) s__n

Extension

3 Write the new words you make in your book.

a) Change the **b** in **b**at to **c**.   cat

b) Change the **m** in **m**et to **p**.

c) Change the **f** in **f**ig to **w**.

d) Change the **l** in **l**og to **j**.

e) Change the **r** in **r**un to **f**.

f) Change the **t** in fa**t** to **n**.

g) Change the **b** in we**b** to **t**.

h) Change the **g** in fi**g** to **x**.

i) Change the **x** in fo**x** to **g**.

j) Change the **t** in hu**t** to **m**.

k) Change the **a** in b**a**d to **e**.

l) Change the **e** in l**e**t to **o**.

m) Change the **i** in b**i**n to **u**.

n) Change the **o** in m**o**p to **a**.

o) Change the **u** in r**u**b to **i**.

Test your spelling!

Look at the words.
Say them aloud.
Cover the words.
Write them from memory.
Check your spellings.

can

sad

peg

yet

lip

mix

rob

pot

tub

cup

Unit 2 Rhyming (CVC words)

Key to spelling

Say the words. Hear the **rhyme**.

a d**og** on a l**og**

Practice

1   Make some rhyming words.

d <u>ad</u>   h____   m____   s____   b____

h____   p____   t____   m____   d____

b____   d____   f____   w____   j____

h____   p____   t____   m____   l____

ut

c____   b____   n____   h____   r____

Extension

2 Match up the words that rhyme.
Write the pairs of rhyming words in your book.

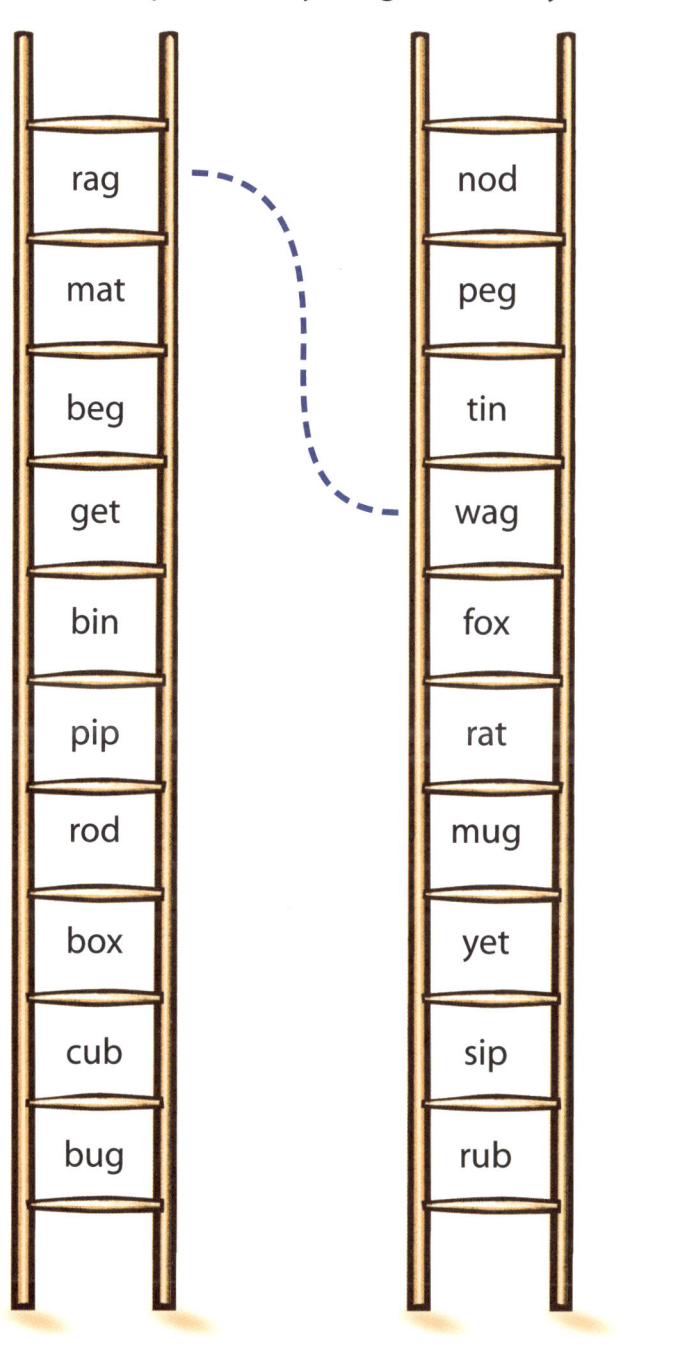

Ladder 1: rag, mat, beg, get, bin, pip, rod, box, cub, bug

Ladder 2: nod, peg, tin, wag, fox, rat, mug, yet, sip, rub

Test your spelling!

Look at the words.

Say them aloud.

Cover the words.

Write them from memory.

Check your spellings.

man

pan

red

bed

fix

mix

hot

not

hum

gum

7

Unit 3 — Long vowel phonemes ee and ea

Key to spelling

The phonemes **ee** and **ea** sometimes sound the **same**.
They make a **long** sound and say the **name** of the letter **e**.

I s**ee** the s**ea**!

Practice

1 Make some words.

sh**ee**p   gr___n   f___t   w___k

s___t   b___k   cl___n   l___p

2 Use the words you made to answer these:

a) __green__ a colour   e) _____ to jump

b) _____ you sit on it   f) _____ a farm animal

c) _____ a bird has one   g) _____ not dirty

d) _____ seven days   h) _____ you stand on them

Extension

3 Choose **ee** or **ea** to complete each word.

a) sl____p

b) h____p

c) m____l

d) qu____n

e) ch____se

f) m____n

g) str____t

h) ch____k

i) t____ch

j) f____st

4 Make a chart.
Write the words you made above in it.

ee words	ea words

5 Write two more **ee** and **ea** words of your own in your chart.

Test your spelling!

Look at the words.

Say them aloud.

Cover the words.

Write them from memory.

Check your spellings.

meet

creep

greed

tree

feel

heat

speak

steam

reach

beast

Unit 4 Long vowel phonemes ay and ai

Key to spelling

Words are made up of **phonemes**.
A phoneme may be made of **one or more letters**.
The phonemes **ay** and **ai** sometimes sound the **same**.
They make a **long** sound and say the **name** of the letter **a**.

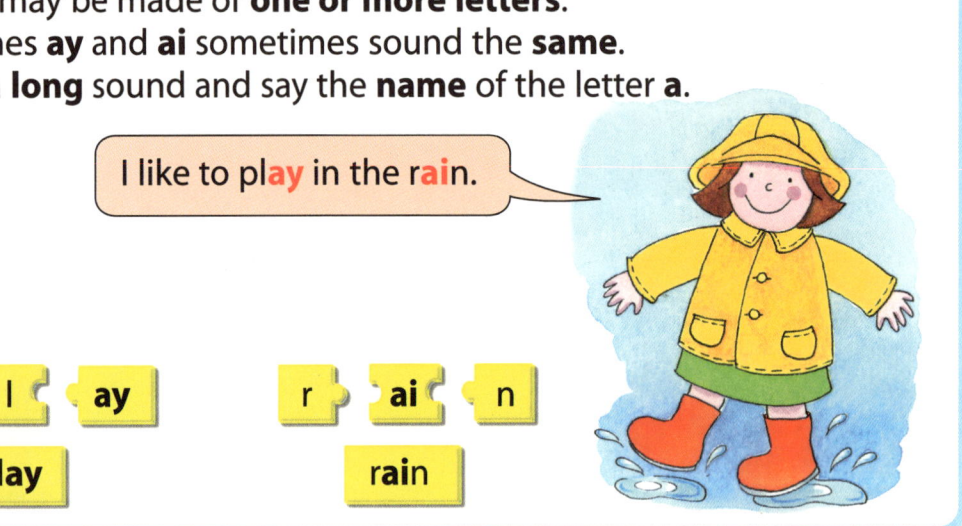

I like to pl**ay** in the r**ai**n.

p l ay
play

r ai n
rain

Practice

1 Make the words.

d
w
m   ay
s

pl
st
tr   ay
cl

r
p
g   ain
ch

n
s
t   ail
r

Extension

2 Copy the sentences.
Underline the **ay** and **ai** words.

a) The snail left a silver trail.

b) I had to wait in the rain.

c) Can we stay and play with the clay?

d) Please say which is the way.

e) A train goes on a rail.

f) Shall I take your tray away?

g) Today is a holiday.

h) I paid the maid.

3 Write all the **ai** words from the sentences above in your book.

4 Write all the **ay** words from the sentences above in your book.

Test your spelling!

Look at the words.
Say them aloud.
Cover the words.
Write them from memory.
Check your spellings.

pl**ay**
st**ay**
aw**ay**
spr**ay**
tod**ay**
t**ai**l
w**ai**t
p**ai**n
afr**ai**d
cl**ai**m

Unit 5 Long vowel phonemes y and igh

Key to spelling

The phonemes **y** and **igh** sometimes sound the **same**.
They make a **long** sound and say the **name** of the letter **i**.

The sun is h**igh** in the sk**y**.

h + igh
h**igh**

s + k + y
sk**y**

Practice

1 Do these phoneme sums.

a) m + y
b) sh + y
c) f + l + y
d) b + y
e) wh + y
f) c + r + y

2 Find the **igh** words hiding. Write them in your book.

a) q w e (high) r t y
b) d f g t h i g h j k
c) a r i g h t d f g h
d) u k o p s i g h a s
e) t i g h t m n b v c
f) z x c m i g h t v b

Extension

3 Write the new words you make in your book.

a) Change the **m** in **m**y to **b**.

b) Change the **t** in **t**ry to **c**.

c) Change the **d** in **d**ry to **f**.

d) Change the **f** in **f**ly to **s**.

e) Change the **sh** in **sh**y to **wh**.

f) Change the **s** in **s**igh to **h**.

g) Change the **t** in **t**ight to **n**.

h) Change the **l** in **l**ight to **f**.

i) Change the **m** in **m**ight to **s**.

j) Change the **b** in **b**right to **f**.

4 Make up some sentences of your own. Use some of the words you made above in them.

Test your spelling!

Look at the words.
Say them aloud.
Cover the words.
Write them from memory.
Check your spellings.

t**ry**
wh**y**
sl**y**
sh**y**
repl**y**
s**igh**
th**igh**
r**igh**t
fr**igh**t
ton**igh**t

Unit 6 Long vowel phonemes oa and ow

Key to spelling

The phonemes **oa** and **ow** sometimes sound the **same**.
They make a **long** sound and say the **name** of the letter **o**.

a sl**ow** c**oa**ch

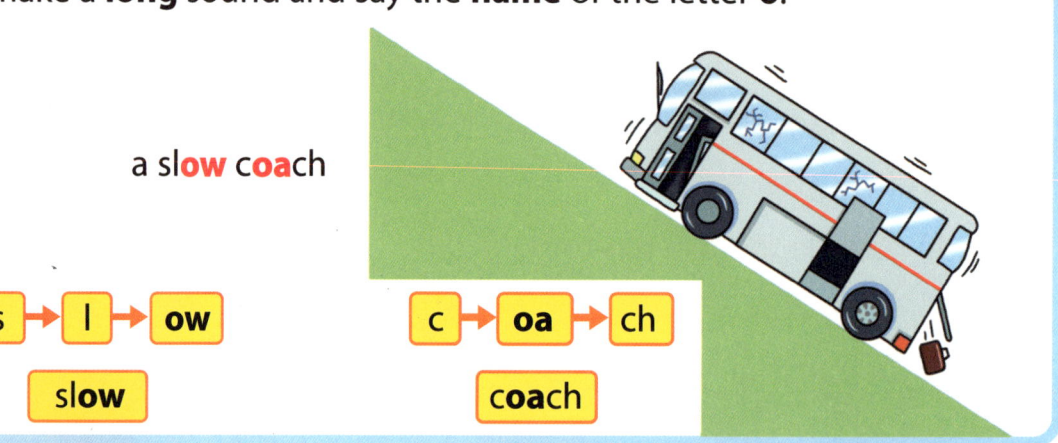

Practice

1 Make some words.

oa

l **oa** n   g____t   r____d   t____st

ow

l____   cr____   bl____   gr____

2 Use the words you made to answer these:

a) __road__   cars go on it   e) _____ the wind does this

b) _____ a big black bird   f) _____ not high

c) _____ to get bigger   g) _____ to lend

d) _____ an animal   h) _____ cooked bread

Extension

3 Choose **oa** or **ow** to complete the words. Write each word you make in your book.

a) wind____
b) c____t
c) foll____
d) shad____
e) bel____
f) g____l
g) s____p
h) cr____k
i) l____d
j) sh____
k) c____st
l) sl____
m) s____k
n) narr____
o) yell____
p) bl____

4 Draw a chart like this and write the words you made in it.

oa words	ow words

Test your spelling!

Look at the words.
Say them aloud.
Cover the words.
Write them from memory.
Check your spellings.

t**oa**d

b**oa**t

m**oa**n

c**oa**st

f**oa**m

m**ow**

bl**ow**

sn**ow**

shad**ow**

pill**ow**

Unit 7 Long vowel phonemes oo and ew

Key to spelling

The phonemes **oo** and **ew** sometimes sound the **same**. They make a **long** sound and say the **name** of the letter **u**.

Practice

1 Copy the words in the word wall. Complete each word with **oo**.

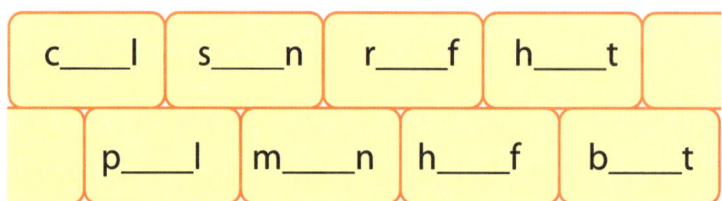

2 Make some words. Write them in your book.

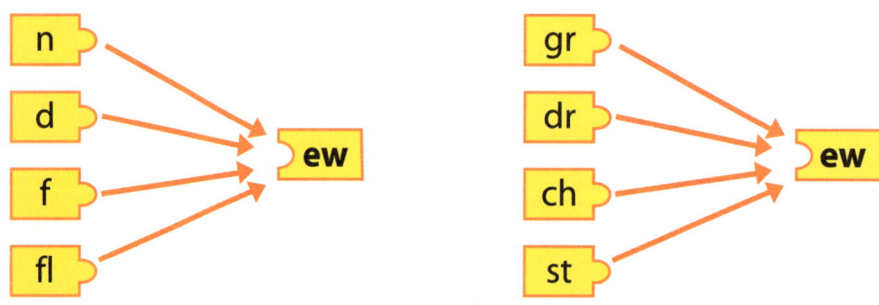

Extension

3 Use some of the words you made opposite.

a) __hoot__ an owl can do it

b) _____ not old

c) _____ you do this to food

d) _____ it comes out at night

e) _____ a house has one

f) _____ it goes on your foot

g) _____ in the near future

h) _____ not hot

i) _____ you swim in it

j) _____ not many

k) _____ a horse's foot

l) _____ got bigger

hoot

Test your spelling!

Look at the words.
Say them aloud.
Cover the words.
Write them from memory.
Check your spellings.

t**oo**l

sh**oo**t

br**oo**m

sw**oo**p

sn**oo**ze

n**ew**

d**ew**

br**ew**

ch**ew**

thr**ew**

Unit 8 Magic e words

Key to spelling

When we add a **magic e** to the **end** of words it **changes the sound** of the **vowel** in the **middle**.
It gives the vowel a **long** sound and makes it say its **name**.

I h**ate** this h**at**!

hat + e = hate

Practice

1. Add a magic **e** to each word. Write the new words you make.

   a) tap   e) mat
   b) pin   f) pip
   c) hop   g) rob
   d) tub   h) us

   Say the words you make and listen to the long vowel sound in the middle.

2. Choose the correct word for each picture.

   a) cap   cape

   c) win   wine

   b) cut   cute

   d) slop   slope

18

Extension

3 Match up the magic **e** words that rhyme.
Write the pairs of rhyming words in your book.

a)	cake		shame
b)	gale		bike
c)	name		dome
d)	wide		take
e)	like		bride
f)	kite		sale
g)	home		rose
h)	joke		rule
i)	nose		white
j)	rude		fluke
k)	mule		crude
l)	duke		poke

Test your spelling!

Look at the words.
Say them aloud.
Cover the words.
Write them from memory.
Check your spellings.

sh**a**k**e**

w**a**v**e**

s**a**f**e**

p**i**l**e**

t**i**m**e**

dr**i**v**e**

h**o**l**e**

n**o**t**e**

t**u**n**e**

fl**u**t**e**

Unit 9 Phonemes oo and u

Key to spelling

The phonemes **oo** and **u** sometimes sound the **same**.

bush
b • u • sh

book
b • oo • k

Practice

1 Make these words. Write the words in your book.

a) p • u • t   d) w • oo • d   g) g • oo • d

b) f • oo • t   e) b • u • sh   h) f • u • ll

c) h • oo • k   f) b • u • ll   i) p • u • ll

2 Use the words you made to answer these:

a) __put__   to place something   f) _____ it comes from a tree

b) _____ opposite of empty   g) _____ opposite of bad

c) _____ a small tree   h) _____ on the end of your leg

d) _____ a farm animal   i) _____ you hang things on it

e) _____ opposite of push

Extension

3 Write the new words you make.

a) Change the **p** in **p**ull to **b**.

b) Change the **f** in **f**ull to **p**.

c) Change the **p** in **p**ush to **b**.

d) Change the **l** in **l**ook to **c**.

e) Change the **g** in **g**ood to **h**.

f) Change the **s** in **s**oot to **f**.

g) Change the **br** in **br**ook to **cr**.

h) Change the **t** in **t**ook to **sh**.

i) Change the **l** in woo**l** to **d**.

j) Change the **m** in roo**m** to **k**.

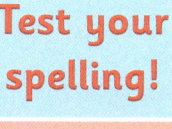

4 Make up some sentences of your own.
Use some of the words you made above in them.

Test your spelling!

Look at the words.
Say them aloud.
Cover the words.
Write them from memory.
Check your spellings.

t**oo**k

sh**oo**k

w**oo**d

st**oo**d

f**oo**t

p**u**ll

p**u**sh

b**u**ll

b**u**sh

p**u**t

Unit 10 Phonemes a and ar

Key to spelling

The phonemes **a** and **ar** sometimes sound the **same**.

a f**a**st c**ar**

f → a → s → t
fast

c → ar
car

Practice

1. Copy these words. Put in the missing **a** in each word.

   f_a_st   gl___ss   p___th

   gr___ss   b___th   l___st

a **p**ath through the gr**a**ss

2. Now write the words again as pairs of rhyming words.

3. Copy these words. Put in the missing **ar** in each word.

   f_ar_   b___k   st___

   p___k   c___d   h___d

a **far** away st**ar**

4. Now write the words again as pairs of rhyming words.

Extension

5 Choose **a** or **ar** to complete each word.

a) ___m

b) m___sk

c) c___d

d) d___k

e) m___st

f) b___sket

g) sc___f

h) ___sk

i) j___

j) p___th

k) f___m

l) m___ch

m) sh___p

n) pl___ster

6 In your book draw:

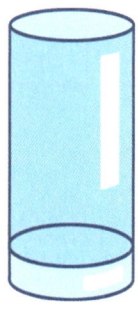 

a glass   and a jar.

Write the **a** words you made on the glass.
Write the **ar** words you made on the jar.

Test your spelling!

Look at the words.
Say them aloud.
Cover the words.
Write them from memory.
Check your spellings.

last

path

cask

grass

plaster

harm

yard

start

shark

garden

Unit 11 Phonemes oy and oi

Key to spelling

The phonemes **oy** and **oi** sound the **same**.

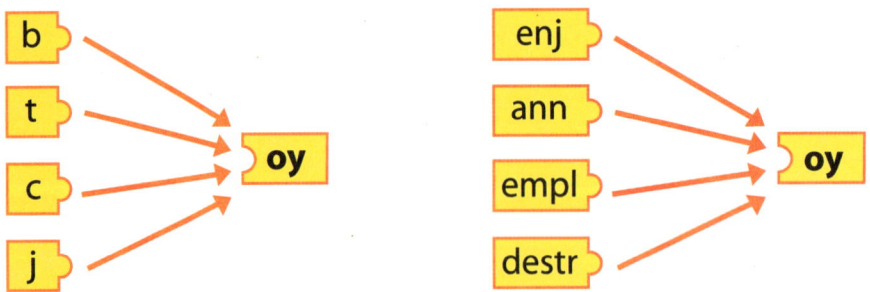

Practice

1 Make the words. Write them in your book.

b + oy
t + oy
c + oy
j + oy

enj + oy
ann + oy
empl + oy
destr + oy

2 Make the words. Write them in your book.

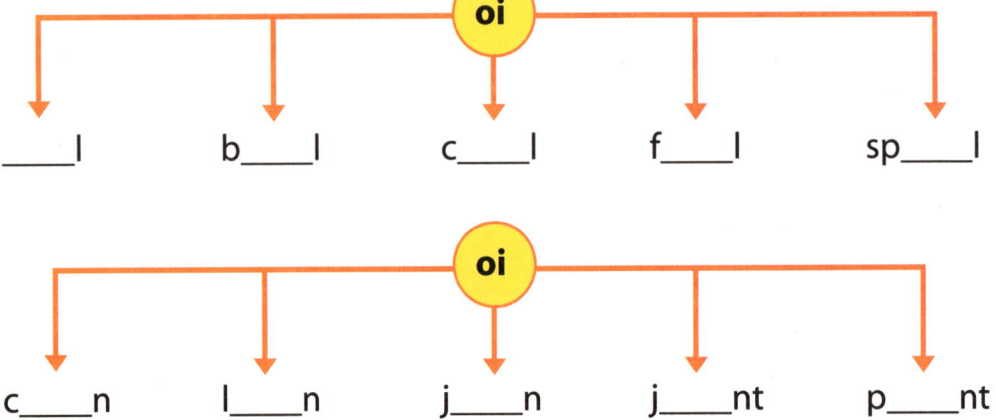

___l   b___l   c___l   f___l   sp___l

c___n   l___n   j___n   j___nt   p___nt

Extension

3 Write the **oy** or **oi** word that means:

a) _____ to fix together

b) _____ the opposite of girl

c) _____ money

d) _____ a plaything

e) _____ to cook in water

f) _____ a sharp end

g) _____ shy

h) _____ to have fun

i) _____ to wind into rings

j) _____ to bother someone

4 Write the shortest and longest **oi** word you know.

5 Write the shortest and longest **oy** word you know.

Test your spelling!

Look at the words.
Say them aloud.
Cover the words.
Write them from memory.
Check your spellings.

j**oy**
b**oy**
ann**oy**
destr**oy**
oyster
t**oi**l
j**oi**n
n**oi**se
h**oi**st
v**oi**ce

Unit 12 Phonemes ow and ou

Key to spelling

The phonemes **ow** and **ou** sometimes sound the **same**.

cow

c → ow

mouse

m → ou → se

Practice

1 Complete these words with **ow**.

a) fl____er   b) ____l   c) cl____n

2 Choose the correct **ow** word to go with each picture.

a)    b)    c)

3 Copy these sentences. Underline the **ou** words in them.

a) I saw a mouse in my house.

b) I opened my mouth to shout out loud.

c) Tom found a pound on the ground.

Extension

4 Choose **ou** or **ow** to complete the words. Write each word you make.

a) m___th

b) sp___t

c) h___l

d) cl___n

e) cr___d

f) sh___er

g) gr___l

h) pr___d

i) l___d

j) all___

k) am___nt

l) p___der

m) cr___ch

n) m___se

o) gr___nd

p) br___n

5 Draw a chart and write all the words above in it.

ou words	ow words

Test your spelling!

Look at the words.
Say them aloud.
Cover the words.
Write them from memory.
Check your spellings.

h**ow**
d**ow**n
h**ow**l
t**ow**er
cr**ow**d
s**ou**nd
c**ou**nt
ab**ou**t
cl**ou**d
s**ou**th

27

Unit 13 Phonemes ear and eer

Key to spelling

The phonemes **ear** and **eer** sometimes sound the **same**.

You may h**ear** a d**eer** in the forest.

hear
h + ear

deer
d + eer

Practice

1   Make some words. Write them in your book.

d, f, g, h, n, r, t, y, cl → ear

b, d, j, l, p, v, ch, st, qu → eer

Extension

2 Copy the sentences.
Choose the correct word to complete each sentence.

a) The _____ were in the woods.   (deer/dear)

b) The toy was too _____ for me.   (deer/dear)

c) I did not _____ the car coming.   (hear/here)

d) Have you ever tasted _____?   (bere/beer)

e) I cried a _____.   (teer/tear)

f) It is rude to _____.   (jeer/jear)

g) I got too _____ the fire.   (neer/near)

h) I don't _____ anything.   (fear/feer)

i) I went round the _____ of the house.   (rear/reer)

j) In what _____ were you born?   (year/yeer)

Test your spelling!

Look at the words.
Say them aloud.
Cover the words.
Write them from memory.
Check your spellings.

n**ear**
y**ear**
f**ear**
cl**ear**
app**ear**
j**eer**
p**eer**
b**eer**
st**eer**
ch**eer**

Unit 14 Phoneme ea

Key to spelling

Sometimes the **ea** phoneme makes a **short** sound.

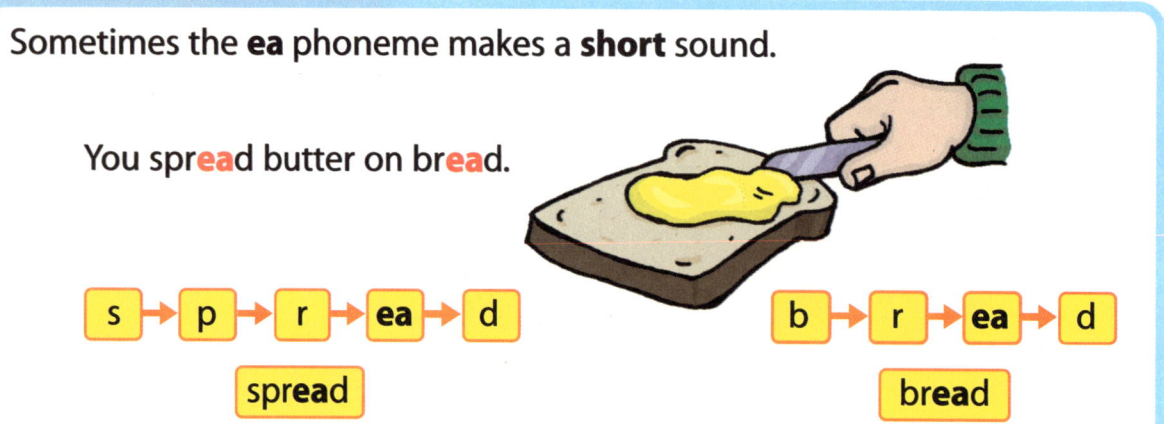

You spr**ea**d butter on br**ea**d.

s → p → r → ea → d
spread

b → r → ea → d
bread

Practice

1 Make some words.

ea

h<u>ea</u>d   d___d   l___d   br___d

ea

dr___d   thr___d   r___dy   st___dy

2 Copy these sentences. Underline the **ea** words in them.

a) I have a needle and thread.

b) I put my hat on my head.

c) You can eat bread.

d) Lead is a metal.

e) Ready, steady, go!

Extension

3 Copy these words.

After each word say if the **ea** sound is:

– **long** (as in cr**ea**m)

– or **short** (as in h**ea**d).

a) neat

b) dead

c) dream

d) sweat

e) beach

f) feather

g) meal

h) heavy

i) tread

j) beast

k) heap

l) threat

m) weather

n) instead

4 Make up some sentences of your own. Use some of the words above in them.

Test your spelling!

Look at the words.
Say them aloud.
Cover the words.
Write them from memory.
Check your spellings.

h**ea**d

d**ea**f

br**ea**d

spr**ea**d

sw**ea**t

f**ea**ther

st**ea**dy

h**ea**vy

inst**ea**d

m**ea**dow

Unit 15 Phonemes are, air and ear

Key to spelling

The phonemes **are**, **air** and **ear** sometimes sound the **same**.

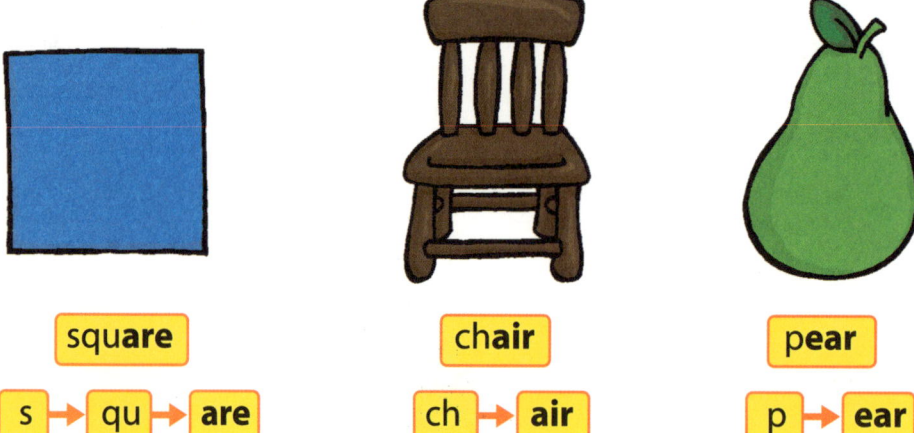

s → qu → are   ch → air   p → ear

Practice

1 Write the new words you make.

a) Change the **t** in car**t** to **e**.

b) Change the **k** in spar**k** to **e**.

c) Change the **m** in fla**m**e to **r**.

d) Change the **p** in sha**p**e to **r**.

e) Change the **n** in dar**n** to **e**.

f) Change the **l** in sca**l**e to **r**.

2 Make some words. Write the words you make.

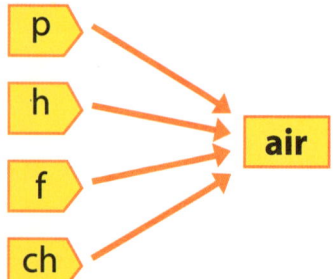
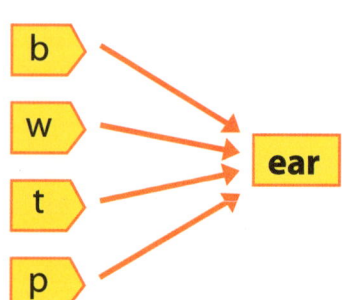

Extension

3 Copy the sentences. Choose the correct word to complete each sentence.

a) A _____ is like a rabbit.   (hair/hare)

b) I have _____ on my head.   (hair/hare)

c) I saw a big brown _____.   (bear/bare)

d) I fell down the _____.   (stares/stairs)

e) You _____ with your eyes.   (stare/stair)

f) This _____ tastes sweet.   (pair/pear)

g) I have a new _____ of shoes.   (pear/pair)

h) It's not _____ to have homework.   (fare/fair)

i) How much was the bus _____?   (fare/fair)

j) I like to _____ new clothes.   (wear/ware)

Test your spelling!

Look at the words.
Say them aloud.
Cover the words.
Write them from memory.
Check your spellings.

sp**are**
sh**are**
gl**are**
bew**are**
l**air**
f**air**y
h**air**y
w**ear**
p**ear**
b**ear**

Unit 16   Phonemes or, oor and ore

Key to spelling

The phonemes **or**, **oor** and **ore** sometimes sound the **same**.
The most **common** of them is **or**.

torch   door   core

t → or → ch   d → oor   c → ore

Practice

1. Copy these words. Complete each word with **or**.

   a) h_or_n   b) sail___   c) f___k   d) st___m

   e) tail___   f) doct___   g) th___n   h) visit___

2. Copy and complete this chart.

words with **or** inside them	words with **or** at the end
horn	sailor

3. Make some words. Write them in your book.

Extension

4 Choose the correct **or** word.

| lord | stork | port | corn | forty |

a) a bird

b) grown on farms

c) an important man

d) four tens

e) a place for boats

5 Choose the correct **or** word.

| doctor | author | actor | tailor | sailor |

a) someone who acts

b) someone who makes clothes

c) someone who helps the sick

d) someone who sails boats

e) someone who writes books

6 Make up two sentences.
Use the words **moor** and **more** correctly in them.

Test your spelling!

Look at the words.
Say them aloud.
Cover the words.
Write them from memory.
Check your spellings.

t**or**n

sh**or**t

n**or**th

c**or**ner

act**or**

sail**or**

d**oor**

fl**oor**

sw**ore**

bef**ore**

Unit 17 Phonemes aw and au

Key to spelling

The phonemes **aw** and **au** sound the **same**.

P**au**l likes to s**aw**.

| Paul | | saw |
| P → au → l | | s → aw |

Practice

1 Make some words.

a) j – aw   b) l – aw   c) p – aw   d) r – aw

e) d – awn   f) y – awn   g) cr – awl   h) scr – awl

2

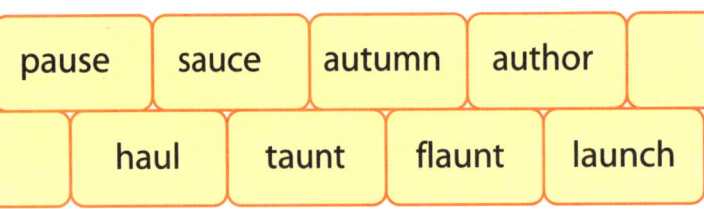

pause   sauce   autumn   author
haul   taunt   flaunt   launch

a) Write the shortest word in the wall.

b) Write the words with five letters.

c) Write the words with six letters.

Extension

3 Choose **aw** or **au** to complete each word.

a) l___n

b) p___se

c) n___ghty

d) th___

e) str___

f) cr___l

g) ___ful

h) dr___

i) h___nt

j) cl___

k) s___cer

l) l___ndry

m) ___tumn

n) l___nch

4 Draw a chart like this and fill it in with the words above.

aw words	au words

Test your spelling!

Look at the words.
Say them aloud.
Cover the words.
Write them from memory.
Check your spellings.

s**aw**
y**aw**n
h**aw**k
cr**aw**l
awful
h**au**nt
l**au**nch
author
autumn
s**au**ce

Unit 18 Phoneme er

Key to spelling

The phoneme **er** is very common.
It can come **inside** a word or at the **end** of a word.

perch

p → er → ch

teacher

t → ea → ch → er

Practice

1 Make some words.

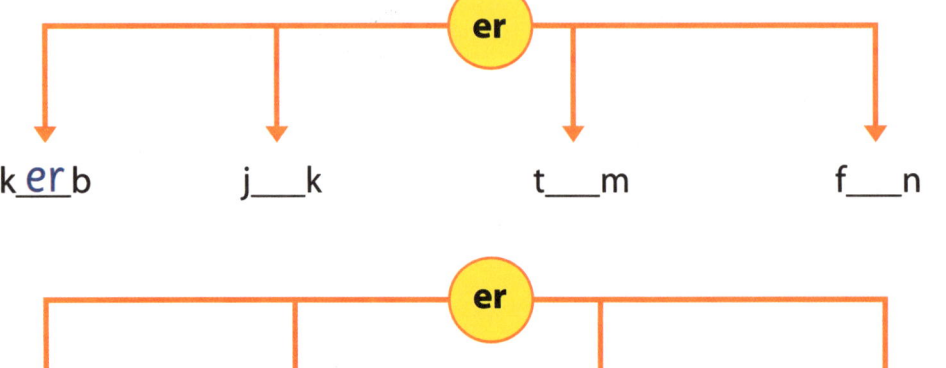

k <u>er</u> b   j___k   t___m   f___n

s___ve   st___n   sw___ve   p___son

2 Make the names of some jobs people do.

a) farm + er   b) sing + er   c) paint + er

d) wait + er   e) report + er   f) print + er

Extension

3 Use the words in the box to help you.

dancer	diver	skater
jumper	boxer	swimmer
cricketer	climber	rower

Write the name of someone who:

a) skates

b) boxes

c) dives

d) jumps

e) swims

f) climbs

g) dances

h) rows

i) plays cricket

Test your spelling!

Look at the words.
Say them aloud.
Cover the words.
Write them from memory.
Check your spellings.

ke**r**b

je**r**k

te**r**m

ne**r**ve

pe**r**haps

ov**er**

und**er**

sing**er**

paint**er**

jump**er**

Unit 19 Phonemes ir and ur

Key to spelling

The phonemes **ir** and **ur** sound the **same**.

A t**ur**key is a big b**ir**d.

turkey
t → ur → k → ey

bird
b → ir → d

Practice

1 Find the hidden **ir** words.

a) q w y r t b i r d c x z   e) a s d f d i r t g h j k
b) a s d f i r s t f g h j   f) s q u i r t w u i o p h
c) s r v b i r t h b t r s   g) h g f j u y c h i r p d
d) d s h i r t f g t r e c   h) k h g f t h i r t e e n

2 Do these phoneme sums.

a) f + ur   d) c + ur + l   g) h + ur + l
b) t + ur + n   e) b + ur + n   h) ch + ur + n
c) h + ur + t   f) t + ur + f   i) ch + ur + ch

40

Extension

3 Write the new words you make in your book.

a) Change the **b** in **b**ird to **th**.

b) Change the **g** in **g**irl to **tw**.

c) Change the **d** in **d**irt to **sk**.

d) Change the **m** in **m**irth to **b**.

e) Change the **f** in **f**irst to **th**.

f) Change the **sh** in **sh**irt to **squ**.

g) Change the **b** in **b**urn to **t**.

h) Change the **t** in **t**urf to **s**.

i) Change the **l** in **l**urch to **ch**.

j) Change the **n** in **n**urse to **p**.

4 Make up some sentences of your own.
Use some of the words you made above in them.

Test your spelling!

Look at the words.
Say them aloud.
Cover the words.
Write them from memory.
Check your spellings.

girl

bird

shirt

chirp

thirty

fur

curl

turn

church

nurse

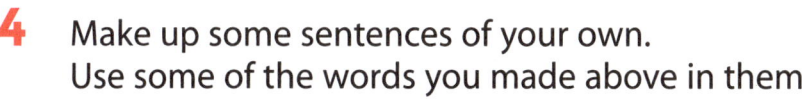

Unit 20 Phoneme wh

Key to spelling

When the letters **wh** come together they make **one** sound.

Make the word.   wh ee l

Read the word.   **wh**eel
Hear the sound.

Practice

1 Make some words.

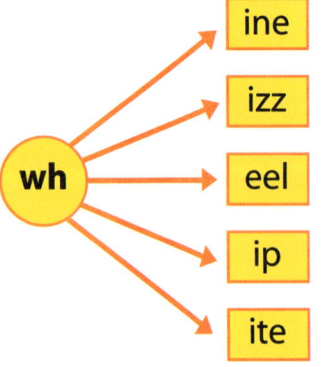

wh → ine
wh → izz
wh → eel
wh → ip
wh → ite

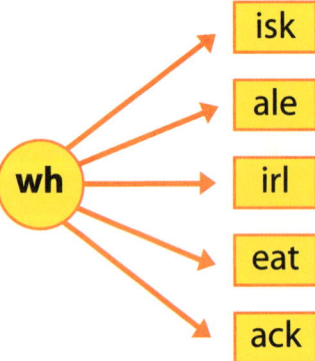

wh → isk
wh → ale
wh → irl
wh → eat
wh → ack

2 Write the **wh** word that rhymes with:

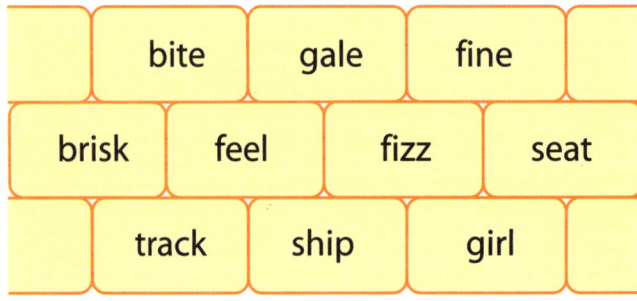

bite   gale   fine
brisk   feel   fizz   seat
track   ship   girl

Extension

3 Write a **wh** word that means:

a) a large sea animal

b) what bread is made of

c) a colour

d) to spin around

e) something found in a kitchen

f) the sound an unhappy dog makes

g) a long piece of rope with a handle

h) something found on a car

4 Make up some questions of your own, beginning with these words:

| who | what | where |
| when | why | which |

Test your spelling!

Look at the words.
Say them aloud.
Cover the words.
Write them from memory.
Check your spellings.

who

when

what

why

where

which

wheeze

while

whether

whimper

Unit 21 Phonemes ch and ph

Key to spelling

Sometimes the phoneme **ch** sounds like **ck**.

The phoneme **ph** sounds like **ff**!

anchor

a → n → ch → or

photo

ph → o → t → o

Practice

1. Copy these sentences. Underline the **ch** words in them.

   a) A choir is a group of people who sing.

   b) We go to school to learn.

   c) An echo is when a sound bounces back.

   d) An ache is a pain.

   e) A chemist sells medicine.

a **ch**oir

2. Copy these sentences. Underline the **ph** words in them.

   a) An elephant is a large animal.

   b) A photo is a picture you take with a camera.

   c) We make words with the letters of the alphabet.

   d) We speak on a telephone.

   e) A dolphin lives in the sea.

Extension

3 Copy these words.
Circle the words in which the **ch** sounds like **ck**.

anchor	chips	rich
school	echo	ache
choir	chop	scheme
choose	cheese	stomach

4 Copy these words.
Choose **ff** or **ph** to complete each word.

a) ele__ __ant

b) o__ __

c) tele__ __one

d) o__ __ice

e) dol__ __in

f) ne__ __ew

g) o__ __end

h) al__ __abet

i) gra__ __

j) o__ __er

k) trium__ __

l) sco__ __

Test your spelling!

Look at the words.
Say them aloud.
Cover the words.
Write them from memory.
Check your spellings.

an**ch**or

s**ch**ool

e**ch**o

a**ch**e

choir

gra**ph**

ele**ph**ant

ne**ph**ew

dol**ph**in

photo

Unit 22 Word ending -es

Key to spelling

Singular means there is just **one** thing.
Plural means when there is **more** than **one**.
We add **es** to the **end** of most words that end in **ch**, **sh**, **x** or **s** to make them plural.

one pea**ch**   one di**sh**   one bo**x**   one bu**s**

two peach**es**   two dish**es**   two box**es**   two bus**es**

Practice

1 Count the things in the pictures. Write the answers in your book.

bush   arch   fox   glass   brush   torch

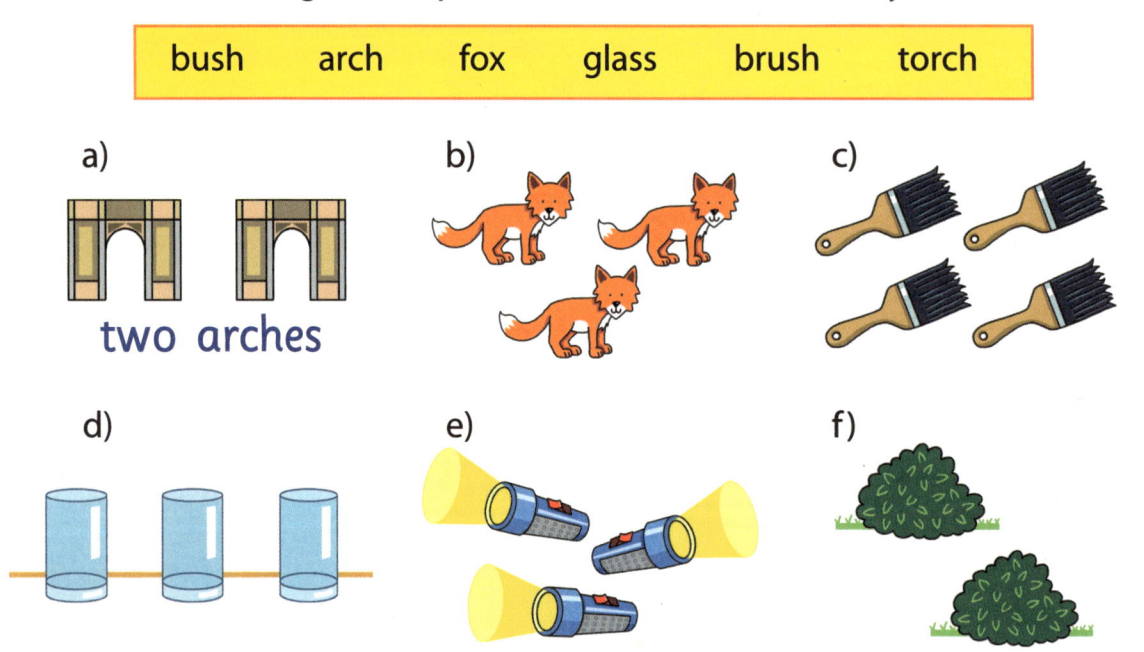

a) two arches

b)

c)

d)

e)

f)

Extension

2 Copy this chart. Fill in the missing words.

singular	plural
one kiss	lots of **kisses**
one wish	lots of _____
one catch	lots of _____
one box	lots of _____
one coach	lots of _____
one boss	lots of _____
one _____	lots of matches
one _____	lots of stitches
one _____	lots of crashes
one _____	lots of dashes
one _____	lots of hisses
one _____	lots of foxes

Test your spelling!

Look at the words.
Say them aloud.
Cover the words.
Write them from memory.
Check your spellings.

church**es**
coach**es**
catch**es**
match**es**
dish**es**
crash**es**
box**es**
six**es**
glass**es**
pass**es**

Unit 23 Word endings -ing and -ed

Key to spelling

We can add **ing** and **ed** to the **end** of many words.

"I like to cook. I am cook**ing** my dinner."

"Yesterday I cook**ed** some eggs."

cook + ing = cook**ing**   cook + ed = cook**ed**

Practice

1 Make some words.

- sing
- mix
- fly
- jump

→ **ing**

I like jump**ing**.

- knock
- laugh
- lift
- plant

→ **ed**

I plant**ed** some seeds.

Extension

2 Copy this chart. Fill in the missing words.

	+ ing	+ ed
act	acting	acted
brush		
crawl		
dress		
fill		
gather		
help		

3 Take the **ing** or **ed** off each word. Write the words you are left with.

a) painting
b) pushing
c) splashed
d) flicking
e) mended
f) playing
g) swinging
h) fixed
i) pulled
j) sawed
k) washing
l) sleeping

Test your spelling!

Look at the words.
Say them aloud.
Cover the words.
Write them from memory.
Check your spellings.

eat**ing**

drink**ing**

talk**ing**

cry**ing**

light**ing**

kick**ed**

want**ed**

dust**ed**

wish**ed**

munch**ed**

Unit 24 Word endings -ful and -less

Key to spelling

We can add **ful** and **less** to the **end** of many words.

Take care! Be care**ful**! When you add **full** to the end of a word you only use one **l**.

care + ful = care**ful**   care + less = care**less**

Practice

1 Make some words.

- cheer
- truth
- grace
- wonder
- help

→ **ful**

- use
- pain
- rest
- hope
- thought

→ **less**

The broken pencil was use**less**.

Extension

2 Change the ending on each word to make it mean the opposite.

a) cheerful

b) useful

c) joyful

d) painful

e) helpful

f) colourful

g) hopeful

h) careless

i) lawless

j) thankless

k) thoughtless

l) restless

3 Make up some sentences of your own. Use some of the words you made above in them.

Test your spelling!

Look at the words.

Say them aloud.

Cover the words.

Write them from memory.

Check your spellings.

use**ful**

care**ful**

cheer**ful**

hope**ful**

power**ful**

help**less**

thank**less**

rest**less**

pain**less**

colour**less**

Unit 25 Prefixes un- and dis-

Key to spelling

Prefixes are letters we can add to the **beginning** of some words.

happy   **un**happy   like   **dis**like

The prefixes **un** and **dis** make words mean the **opposite**.

Practice

1 Make some words. Write the words you make in your book.

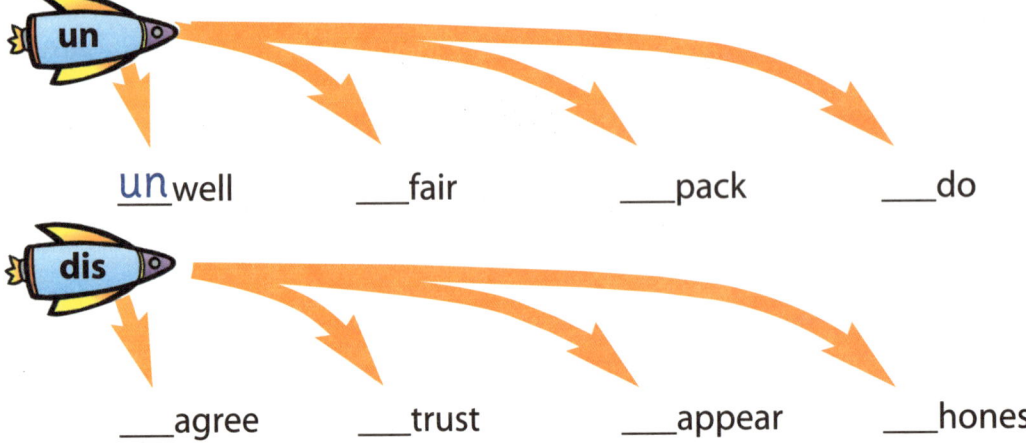

<u>un</u>well   ___fair   ___pack   ___do

___agree   ___trust   ___appear   ___honest

2 These words each have the wrong prefix.
   Write each word again correctly.

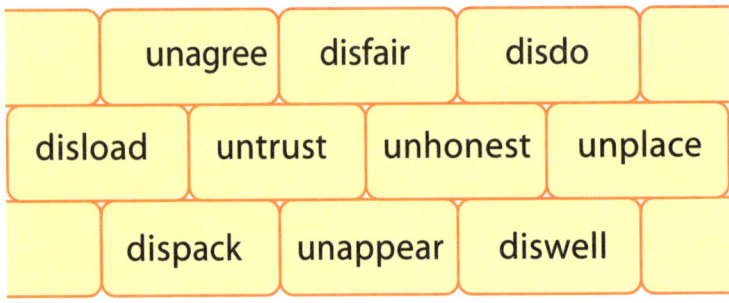

unagree   disfair   disdo
disload   untrust   unhonest   unplace
dispack   unappear   diswell

Extension

3 Add **un** or **dis** to these words to make them mean the opposite.

a) ___tidy

b) ___obey

c) ___do

d) ___well

e) ___please

f) ___trust

g) ___connect

h) ___common

i) ___true

j) ___agree

k) ___colour

l) ___comfortable

Test your spelling!

Look at the words.
Say them aloud.
Cover the words.
Write them from memory.
Check your spellings.

unfit

untrue

unplug

unwilling

unjust

dislike

disown

discharge

disable

displease

Unit 26 Syllables

Key to spelling

When we say a word **slowly** we can hear how many **beats** or **syllables** it has.
You can **tap out** the syllables of a word as you say it to help you.

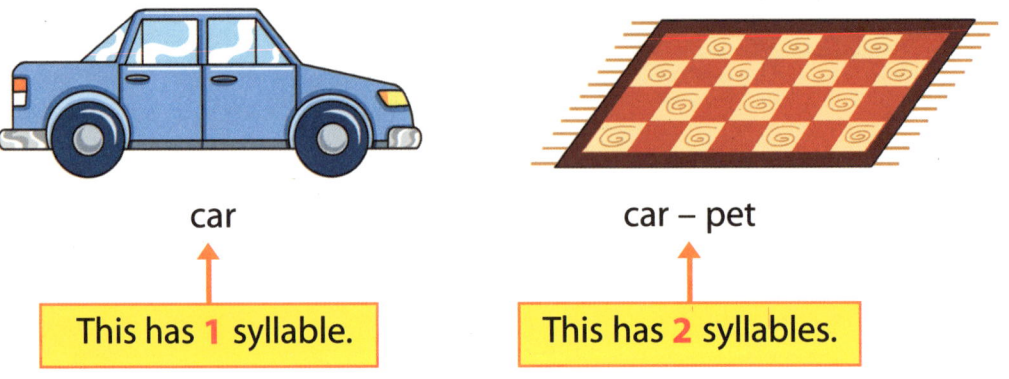

car

This has **1** syllable.

car – pet

This has **2** syllables.

Practice

1. Copy these words. Say each word slowly. Tap out the syllables. After each word, write and say if it has **1** or **2** syllables.

   a) dentist **2**   d) back   g) undo   j) school

   b) put   e) over   h) window   k) must

   c) perhaps   f) happy   i) water   l) off

2. Do these syllable sums. Write the words you make.

   a) un + til   e) lem + on   i) pock + et

   b) rab + bit   f) con + test   j) in + fant

   c) trac + tor   g) fun + ny   k) dis + gust

   d) hap + pen   h) mag + net   l) pen + cil

Extension

3 Match up the first and second syllables to make some words.
Write the words you make in your book.

a) trum — dred
b) hun — pet
c) dis — well
d) un — may
e) for — part
f) de — get
g) per — py
h) pup — son
i) read — ed
j) hunt — ing
k) doc — key
l) don — tor

Test your spelling!

Look at the words.
Say them aloud.
Cover the words.
Write them from memory.
Check your spellings.

(These names all contain 2 syllables.)

artist

sailor

chemist

teacher

farmer

postman

captain

dentist

driver

jockey

Unit 27 Compound words

Key to spelling

Words that are made of **two or more small words** joined together are called **compound** words.

butter + fly = butterfly

Practice

1 Do these word sums. Write the compound words you make.

a) foot + ball   b) wind + mill   c) tooth + brush

d) lady + bird   e) key + hole   f) snow + man

2 Name these pictures.

a)    b)    c)

d)    e)    f)

Extension

3 Join up the words.
Make some more compound words.
Write them in your book.

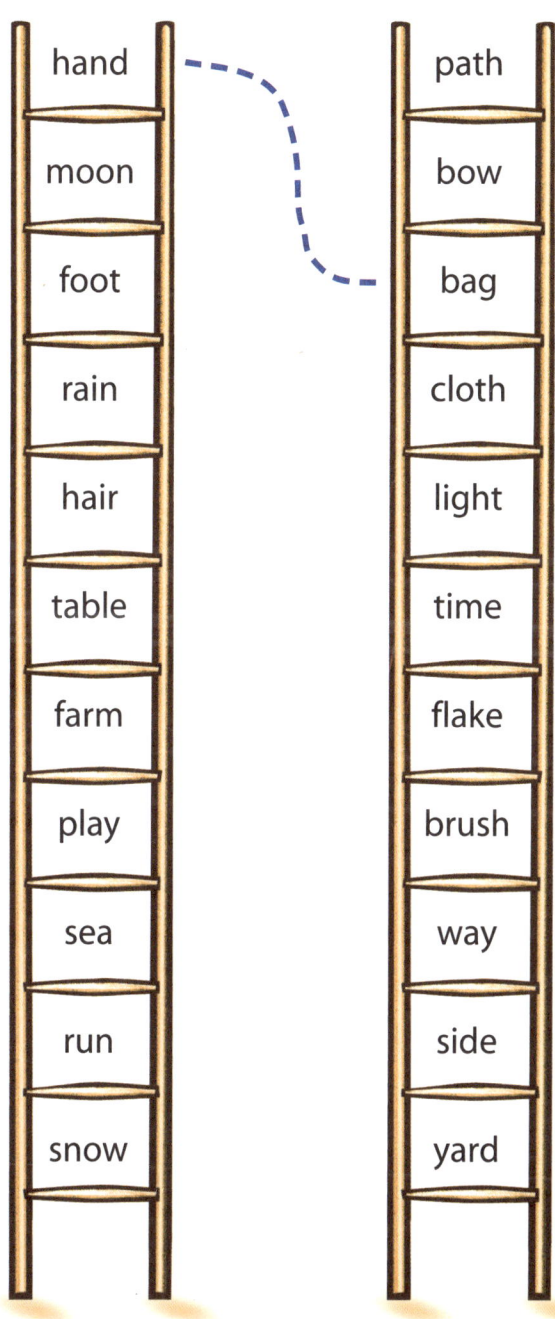

Test your spelling!

Look at the words.
Say them aloud.
Cover the words.
Write them from memory.
Check your spellings.

saucepan

bookcase

grandmother

outside

waterfall

birthday

underground

afternoon

railway

whenever

Unit 28 — Same pattern/different sound

Key to spelling

Take care! Sometimes words may contain the **same spelling patterns** – but they **sound different**!

I like to eat g**oo**d f**oo**d.

The **oo** in g**oo**d has a **short** sound. The **oo** in f**oo**d has a **long** sound.

Practice

1 Make some words. Write them in your book.

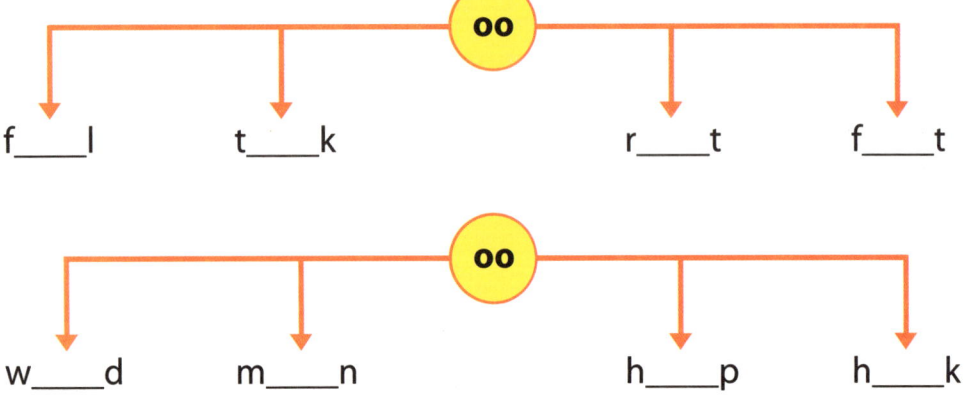

f___l   t___k   r___t   f___t

w___d   m___n   h___p   h___k

2 Write the words you made in two sets.
There will be four words in each set.

words with a short **oo**	words with a long **oo**
took	fool

58

Extension

3 Make these words. After each word write if the **ow** has a **short** or a **long sound**.

a) h → ow

b) l → ow

c) m → ow

d) h → ow → l

e) b → ow → l

f) g → ow → n

g) g → r → ow → n

h) c → r → ow → d

i) s → l → ow

j) sh → ow → n

k) b → r → ow → n

l) g → r → ow → l

m) t → ow

n) th → r → ow → n

We like to r**ow**.
(short sound)

We like to r**ow**.
(long sound)

Test your spelling!

Look at the words.
Say them aloud.
Cover the words.
Write them from memory.
Check your spellings.

(**y** sounds like **ee**)

bab**y**

lad**y**

tin**y**

empt**y**

clums**y**

(**y** sounds like **ie**)

wh**y**

cr**y**

rel**y**

repl**y**

multipl**y**

Unit 29 Key words (1)

Key to spelling

We need to be able to spell the **months of the year**.
Remember that the name of each month begins with a **capital** letter.

My birthday is in **March**.

Practice

1 Copy the sentences about the months of the year.
Fill in the months of the year correctly in order.

| April | August | December | February | January | July |
| June | March | May | November | October | September |

J_____ brings the snow.   F_____ brings the rain.

M_____ brings the wind.   A_____ brings the lambs.

M_____ brings the bluebells.   J_____ brings the roses.

J_____ brings the strawberries.   A_____ brings the sunshine.

S_____ brings the harvest.   O_____ brings the chestnuts.

N_____ brings the autumn leaves. D_____ brings Christmas.

Extension

2 Write the answers to these questions.

a) What is the first month of the year?

b) What is the last month of the year?

c) Which month comes after April?

d) Which month comes after June?

e) Which month comes before November?

f) Which month comes before September?

g) Which month comes between May and July?

h) Which month comes between March and May?

i) Which is the shortest month?

j) Which month's name means to walk smartly?

k) Which is the ninth month of the year?

l) Which month starts with N?

3 In which month is *your* birthday?

Test your spelling!

Look at the words.
Say them aloud.
Cover the words.
Write them from memory.
Check your spellings.

January

February

March

April

May

June

July

August

September

October

November

December

Unit 30 Key words (2)

Key to spelling

We sometimes learn **words** that **have something in common** to help us remember them.
These words are all the names of **parts of the head**.

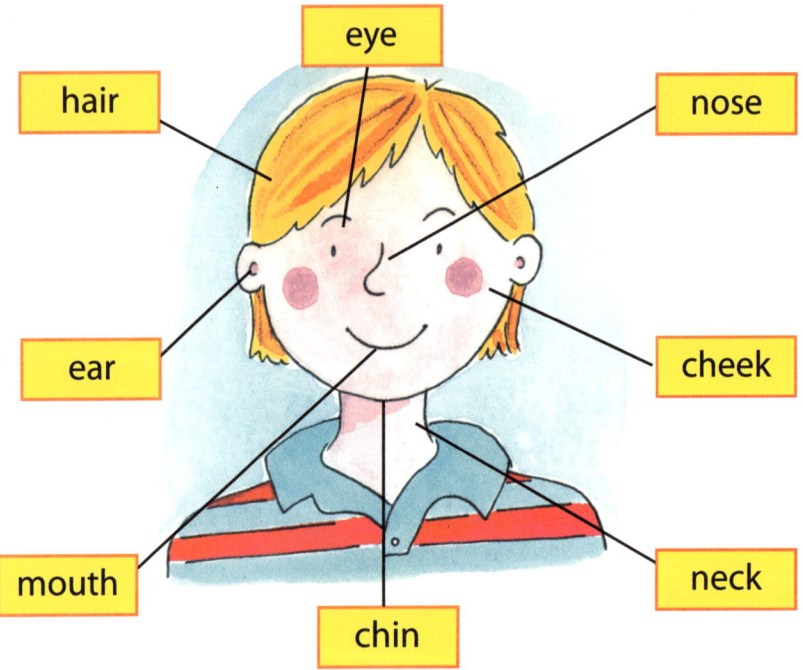

Practice

1 Here are the words above with the vowels missing. Copy them and fill in the missing vowels correctly.

a) <u>e</u> y <u>e</u>   b) ch__n   c) ch __ __ k   d) n __ck

e) __ __ r   f) m __ __ th   g) h __ __ r   h) n __ s __

2 Which word rhymes with:

a) south?   b) thin?   c) peck?   d) week?

e) hear?   f) rose?   g) where?   h) my?

Extension

3 Here are the names of some other parts of your body with the vowels missing. Copy them and work out what the missing vowels are.

a) __rm

b) l__g

c) f__ __t

d) __nkl__

e) t__ __s

f) h__nd

g) ch__st

h) kn__ __

i) f__ng__rs

j) __lb__w

4 Write the correct names in your book.

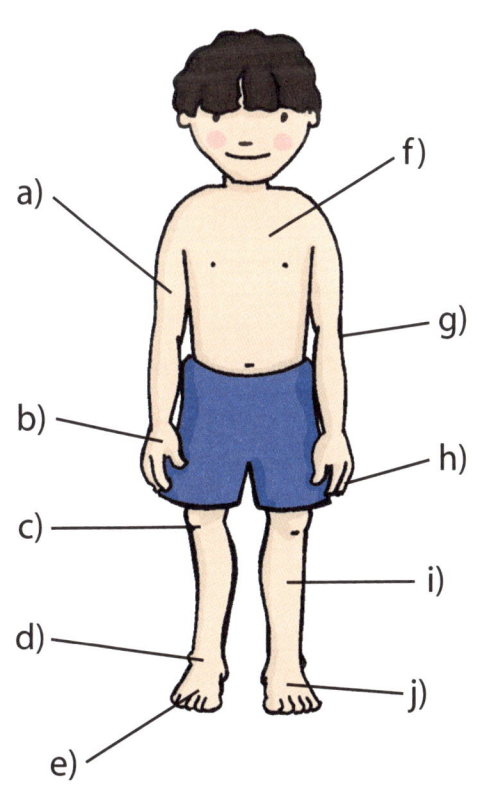

Test your spelling!

Look at the words.

Say them aloud.

Cover the words.

Write them from memory.

Check your spellings.

(These are all **number** words.)

ten

twenty

thirty

forty

fifty

sixty

seventy

eighty

ninety

hundred

Y2 Scope and sequence

Unit	Title	Objectives
1	Word building (CVC words)	• to blend phonemes to read and spell CVC words (revision)
2	Rhyming (CVC words)	• to develop awareness of rhyme using onset and rime with CVC words
3	Long vowel phonemes **ee** and **ea**	• to revise spelling of words containing long vowel phonemes **ee** and **ea**
4	Long vowel phonemes **ay** and **ai**	• to revise spelling of words containing long vowel phonemes **ay** and **ai**
5	Long vowel phonemes **y** and **igh**	• to revise spelling of words containing long vowel phonemes **y** and **igh**
6	Long vowel phonemes **oa** and **ow**	• to revise spelling of words containing long vowel phonemes **oa** and **ow**
7	Long vowel phonemes **oo** and **ew**	• to revise spelling of words containing long vowel phonemes **oo** and **ew**
8	Magic **e** words	• to revise effect of the modifying **e** in magic **e** words
9	Phonemes **oo** and **u**	• to identify, segment and blend words containing phonemes **oo** and **u**
10	Phonemes **a** and **ar**	• to identify, segment and blend words containing phonemes **ar** and **a**
11	Phonemes **oy** and **oi**	• to identify, segment and blend words containing phonemes **oy** and **oi**
12	Phonemes **ow** and **ou**	• to identify, segment and blend words containing phonemes **ow** and **ou**
13	Phonemes **ear** and **eer**	• to identify, segment and blend words containing phonemes **ear** and **eer**
14	Phoneme **ea**	• to identify, segment and blend words containing phoneme **ea**
15	Phonemes **are**, **air** and **ear**	• to identify, segment and blend words containing phonemes **are**, **air** and **ear**
16	Phonemes **or**, **oor** and **ore**	• to identify, segment and blend words containing phonemes **or**, **oor** and **ore**
17	Phonemes **aw** and **au**	• to identify, segment and blend words containing phonemes **aw** and **au**
18	Phoneme **er**	• to identify, segment and blend words containing phoneme **er**
19	Phonemes **ir** and **ur**	• to identify, segment and blend words containing phonemes **ir** and **ur**
20	Phoneme **wh**	• to identify, segment and blend words containing phonemes **wh**
21	Phonemes **ch** and **ph**	• to identify, segment and blend words containing phonemes **ch** and **ph**
22	Word ending **-es**	• to spell words with common suffixes
23	Word endings **-ing** and **-ed**	• to spell words with common suffixes
24	Word endings **-ful** and **-less**	• to spell words with common suffixes
25	Prefixes **un-** and **dis-**	• to spell words with common prefixes to indicate the negative
26	Syllables	• to discriminate syllables in multi-syllabic words
27	Compound words	• to spell some common compound words and split them into their component parts
28	Same pattern/different sound	• to investigate some words with the same spelling patterns but different sounds
29	Key words (1)	• to read and spell common high frequency words grouped thematically
30	Key words (2)	• to read and spell common high frequency words grouped thematically